Museum op Kölsch

Museum op Kölsch

101 × Kunst op Kölsch von Aap bis Zäng

kölsch · deutsch · english · français · 汉语

ausgewählt von
Georg Kohlen und Joachim Rönneper

emons:

Aap

Affe · monkey · singe · 猴子

Gabriel Cornelius von Max
Affe mit Blumen am Fenster (Ausschnitt) undatiert
Wallraf-Richartz-Museum & Fondation Corboud WRM 2928

Äppel

Äpfel · apples · pommes · 苹果

Gottfried von Wedig
Stilleben (Ausschnitt) undatiert
Wallraf-Richartz-Museum & Fondation Corboud WRM 3163

Baat

Bart · beard · barbe · 胡子

Otto Dix
Bildnis des Dichters Theodor Däubler (Ausschnitt) 1927
Museum Ludwig ML 76/2738

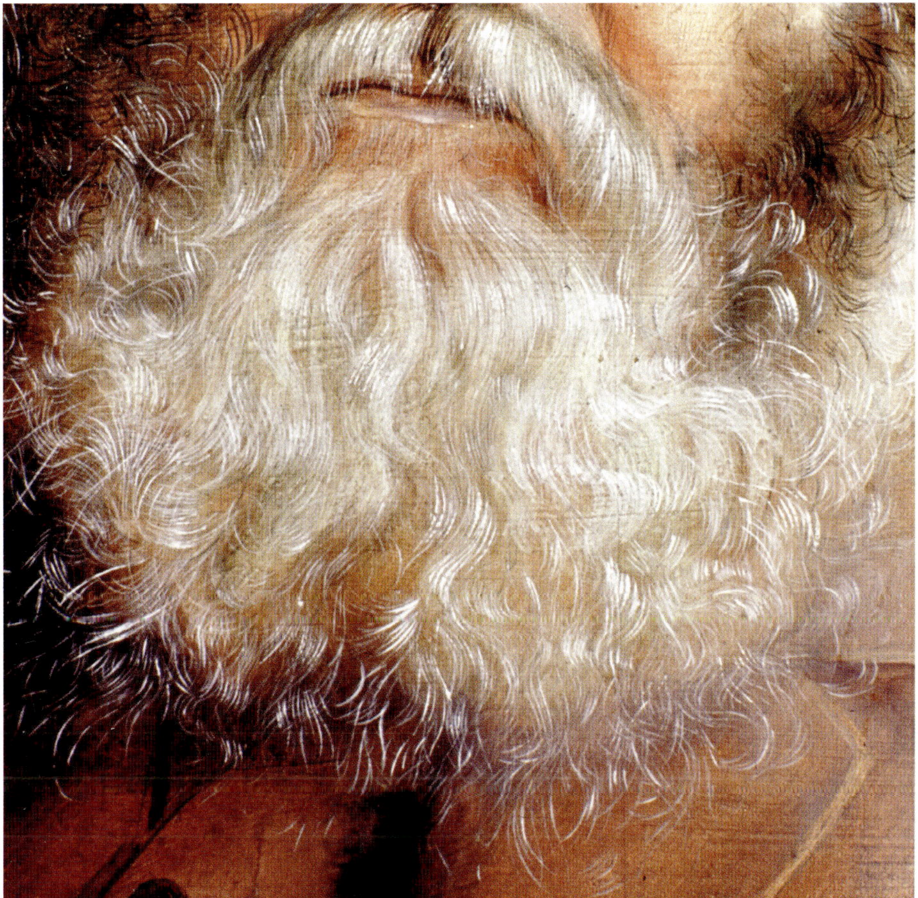

bedde

beten · pray · prier · 祈祷

Nach Hieronymus Bosch
Geburt Christi (Ausschnitt) undatiert
Wallraf-Richartz-Museum & Fondation Corboud WRM 0474

Bir

Birne · pear · poire · 梨

Paul Cézanne
Stilleben mit Birnen (Ausschnitt) 1895
Wallraf-Richartz-Museum & Fondation Corboud WRM 3189

bläck

nackt · naked · nu · 裸体

Michiel Coxie zugeschrieben
Der Sündenfall (Adam und Eva) (Ausschnitt) undatiert
Wallraf-Richartz-Museum & Fondation Corboud WRM 2354

Botz

kurze Hose · shorts · short · 短裤

Peter Blake
ABC Minors (Ausschnitt) 1955
Museum Ludwig ML 1427

Brefe

Briefe · letters · lettres · 信

Cornelis Norbertus Gysbrechts
Quodlibet/Vanitas-Stilleben (Ausschnitt) 1675
Wallraf-Richartz-Museum & Fondation Corboud WRM 2828

Bröck

Brücke · bridge · pont · 桥

Kenko Shokei
Landschaft (Ausschnitt) spätes 15. Jh.
Museum für Ostasiatische Kunst A35, 3

Brud

Brot · bread · pain · 面包

Georg Flegel
Stilleben mit einem Hirschkäfer (Ausschnitt) 1635
Wallraf-Richartz-Museum & Fondation Corboud WRM 2824

Bütt

Bottich · tub · cuve · 木盆

Max Liebermann
Die Rasenbleiche (Ausschnitt) 1882
Wallraf-Richartz-Museum & Fondation Corboud WRM 2939

bützе

küssen · kiss · baiser · 亲吻

Max Beckmann
Liebespaar (Grün und Gelb) (Ausschnitt) 1940–43
Museum Ludwig ML 76/3022

Daachhas

Katze · cat · chat · 猫

Richard Seewald
Katze mit Salamander (Ausschnitt) 1933
Museum Ludwig ML 76/2809

danze

tanzen · dance · danser · 跳舞

Oswald Achenbach
Saltarellotanz mit Blick auf Castel Gandolfo (Ausschnitt) 1860–65
Wallraf-Richartz-Museum & Fondation Corboud WRM 1135

Desch

Tisch · table · table · 桌子

Viktor Pivovarov
Ach! (Ausschnitt) 1971
Museum Ludwig ML 01553

Ditzche

Kleinkind · toddler · petit enfant · 幼儿

Jacob Gerritsz. Cuyp
Zwei Kinder mit einem Lamm (Ausschnitt) 1638
Wallraf-Richartz-Museum & Fondation Corboud WRM 1003

Döpp

Augen · eyes · yeux · 眼睛

Ferdinand Hodler
Kopfstudie einer Italienerin (Ausschnitt) 1910
Wallraf-Richartz-Museum & Fondation Corboud WRM 1210

Druve

Trauben · grapes · raisins · 葡萄

Abraham Mignon
Stilleben (Ausschnitt) nach 1672
Wallraf-Richartz-Museum & Fondation Corboud WRM 2838

Dudekopp

Totenschädel · skull · crâne · 骷髅

Dmitri Krasnopewtsew
Totenkopf in zerbrochenem Krug (Ausschnitt) 1963
Museum Ludwig ML 1536

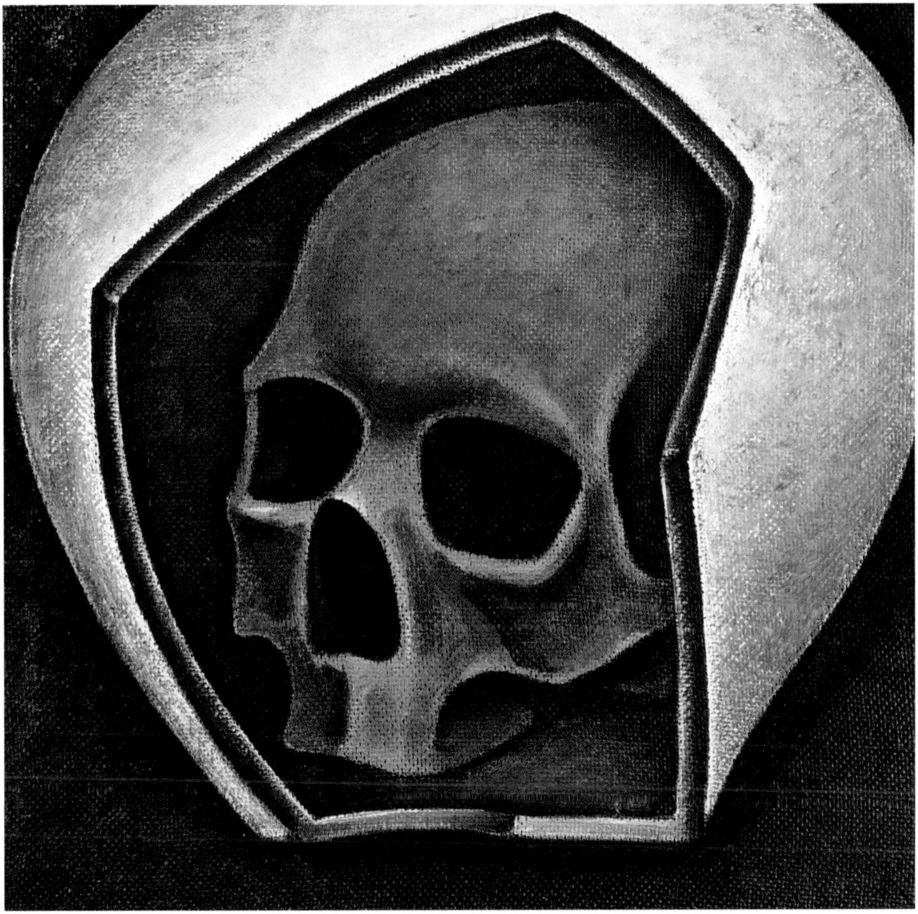

Düüvel

Teufel · devil · diable · 鬼怪

Meister der Katharinen-Legende; Meister der Barbara-Legende
Triptychon mit Szenen aus dem Leben Hiobs (Ausschnitt) 15. Jh.
Wallraf-Richartz-Museum & Fondation Corboud WRM 0412

Duve

Tauben · doves · pigeons · 鸽子

Marta Hegemann
Die Liegende (Ausschnitt) 1930
Kölnisches Stadtmuseum KSM 1993/302

Familich

Familie · family · famille · 一家人

Emil Nolde
Familie Bonnichsen (Ausschnitt) um 1915
Museum Ludwig ML 76/2728

Färv

Farbe · colour · couleur · 颜色

Michael Toenges
Ohne Titel (Ausschnitt) 2006
Kolumba 2007/108

Fastelovend

Fastnacht · carnival · carnaval · 狂欢节

Wilhelm Schreuer
Kölner Karneval (Ausschnitt) 1906
Wallraf-Richartz-Museum & Fondation Corboud WRM 1616

Ferke

Ferkel · piglet · porcelet · 小猪

Georg Schrimpf
Schweinehirt (Ausschnitt) 1923
Museum Ludwig ML 76/2779

Fesch

Fisch · fish · poisson · 鱼

Pieter de Putter
Fischstilleben (Ausschnitt) undatiert
Wallraf-Richartz-Museum & Fondation Corboud WRM 3614

Fetz

Junge · boy · garçon · 男孩

Peter Blake
ABC Minors (Ausschnitt) 1955
Museum Ludwig ML 1427

Flejer

Flugzeug · airplane · avion · 飞机

Mario Sironi
Gelbes Flugzeug mit Stadtlandschaft (Ausschnitt) 1915
Museum Ludwig ML 1315

Foß

Fuß · foot · pied · 单脚

Paul Klee
Narr in Trance (Ausschnitt) 1929
Museum Ludwig ML 76/3041

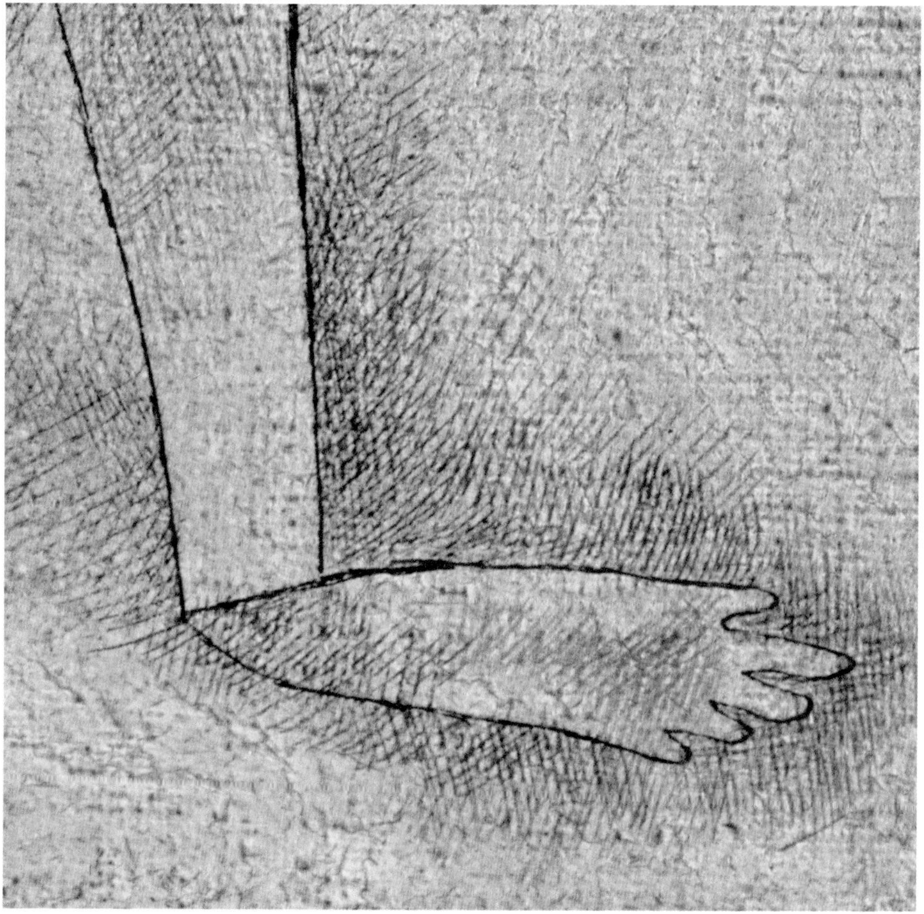

Fott

Gesäß · buttocks · fesses · 臀部

François Boucher
Ruhendes Mädchen (Ausschnitt) 1751
Wallraf-Richartz-Museum & Fondation Corboud WRM 2639

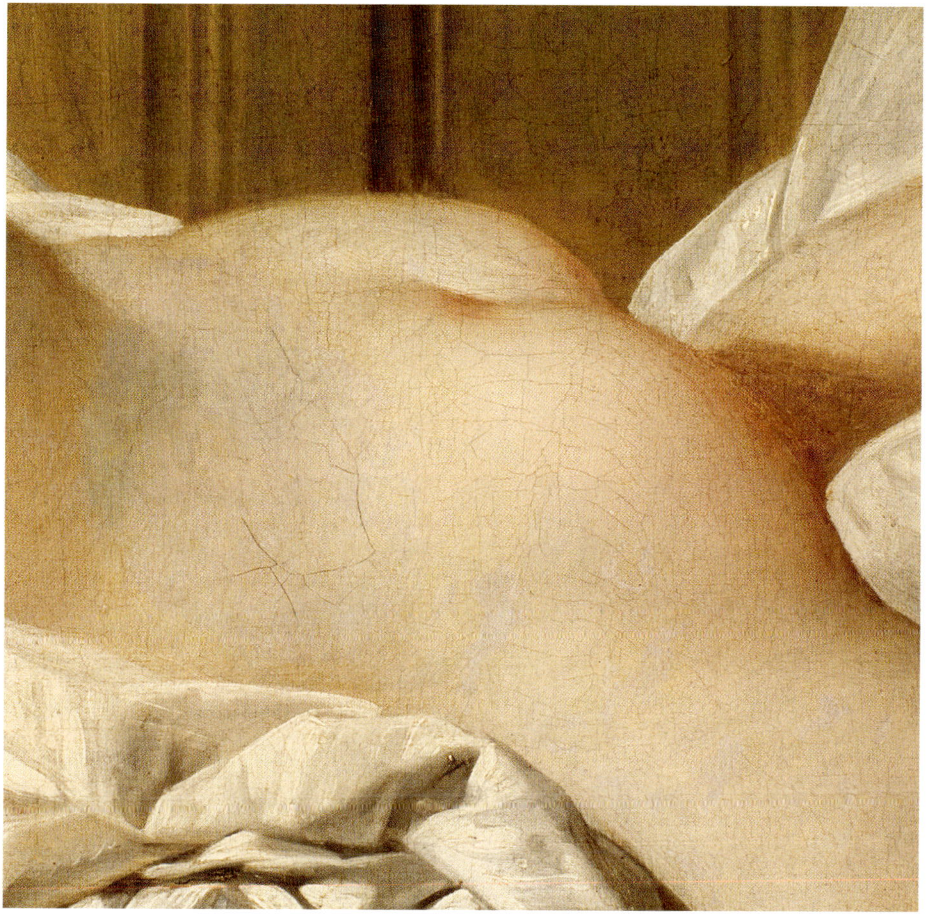

fussig

rothaarig · redheaded · rousse · 红发

Alexander Bogomazow
Schlafende Frau (Ausschnitt) um 1915
Museum Ludwig ML 01327

Fuus

Faust · fist · poing · 拳头

Otto Dix
Bildnis des Dichters Theodor Däubler (Ausschnitt) 1927
Museum Ludwig ML 76/2738

gääl

gelb · yellow · jaune · 黄色

Joseph Marioni
Painting 1 82 (Ausschnitt) 1982
Kolumba 1994/44

Gespann

Paar · couple · couple · 一对恋人

Auguste Renoir
Das Ehepaar Alfred Sisley (Ausschnitt) um 1868
Wallraf-Richartz-Museum & Fondation Corboud WRM 1199

Gries

Greis · old man · vieillard · 老汉

Rembrandt Harmensz van Rijn
Selbstbildnis (Ausschnitt) um 1668/69
Wallraf-Richartz-Museum & Fondation Corboud WRM 2526

grön

grün · green · vert · 绿色

Edouard Manet
Spargelstilleben (Ausschnitt) 1880
Wallraf-Richartz-Museum & Fondation Corboud WRM/Dep. 0318

Häng

Hände · hands · mains · 手

Auguste Renoir
Das Ehepaar Alfred Sisley (Ausschnitt) um 1868
Wallraf-Richartz-Museum & Fondation Corboud WRM 1199

hätschele

liebkosen · snuggle · caresser · 爱抚

Julius Schnorr von Carolsfeld
Maria mit dem Kind (Ausschnitt) 1820
Wallraf-Richartz-Museum & Fondation Corboud WRM 1112

Hätz

Herz · heart · cœur · 心

Anonym
Heilige Lanze mit Arma Christi und Gregorsmesse (Ausschnitt) 1597
Kolumba 2004/457

Helligesching

Heiligenschein · halo · auréole · 光环

Stefan Lochner
Muttergottes in der Rosenlaube (Ausschnitt) um 1440–42
Wallraf-Richartz-Museum & Fondation Corboud WRM 0067

Höhner

Hühner · chickens · poules · 鸡

Jacomo Victors
Hühnerhof (Ausschnitt) undatiert
Wallraf-Richartz-Museum & Fondation Corboud WRM 1511

Huhzick

Hochzeit · wedding · mariage · 婚礼

Kasimir Malewitsch
Die Hochzeit (Ausschnitt) um 1907
Museum Ludwig ML/Dep. Slg. L. 1979/052 (F-120)

Huus

Haus · house · maison · 房子

Gert H. Wollheim
Friesische Landschaft (Ausschnitt) 1919
Kolumba 2003/109

Jecke

Narren · fools · fous · 丑角

Carl Hofer
Maskerade (Ausschnitt) 1922
Museum Ludwig ML 76/2750

Jöckemobil

Auto · car · voiture · 汽车

Albert G. Schild
Go West (Ausschnitt) 1989
Kölnisches Stadtmuseum KSM 1993/254

McDonald's
Go West
DDR
1989

Kaate

Spielkarten · playing cards · cartes à jouer · 扑克牌

Iwan Puni
Komposition mit Spielkarten (Ausschnitt) 1919
Museum Ludwig ML 1528

Kääz

Kerze · candle · bougie · 蜡烛

Gerrit Dou
Alte Frau mit Kerze (Ausschnitt) 1661
Wallraf-Richartz-Museum & Fondation Corboud WRM 2569

Keesche

Kirschen · cherries · cerises · 櫻桃

Otto Scholderer
Stilleben mit Birnen und Kirschen (Ausschnitt) 1901
Wallraf-Richartz-Museum & Fondation Corboud WRM 2832

Koh

Kuh · cow · vache · 母牛

Aelbert Jacobsz. Cuyp
Landschaft mit Hirten und Kühen (Ausschnitt) 1650–55
Wallraf-Richartz-Museum & Fondation Corboud WRM 2532

Kölle

Köln · Cologne · Cologne · 科隆

Oskar Kokoschka
Ansicht der Stadt Köln vom Messeturm aus (Ausschnitt) 1956
Museum Ludwig ML 76/3000

Kreßkingche

Christkind · Christ Child · Enfant Jésus · 圣婴

Werkstatt Stefan Lochner
Anbetung des Kindes (Ausschnitt) um 1450
Kolumba M2

Kroch

Krug · jug · cruche · 坛子

Hans Purrmann
Blumen und Früchte (Ausschnitt) 1949
Museum Ludwig ML 76/3012

Krun

Krone · crown · couronne · 王冠

Meister der Ursula-Legende
Ursula mit ihren Eltern am Altar (Ausschnitt) um 1492–96
Wallraf-Richartz-Museum & Fondation Corboud WRM 0196

Krütz

Kreuz · cross · croix · 十字

Josef Beuys
Königstochter sieht Island (Ausschnitt) 1960
Museum Ludwig ML 1178

laache

lachen · laugh · rire · 笑

Esteban Murillo
Alte Frau und Junge (Ausschnitt) um 1650–60
Wallraf-Richartz-Museum & Fondation Corboud WRM 2541

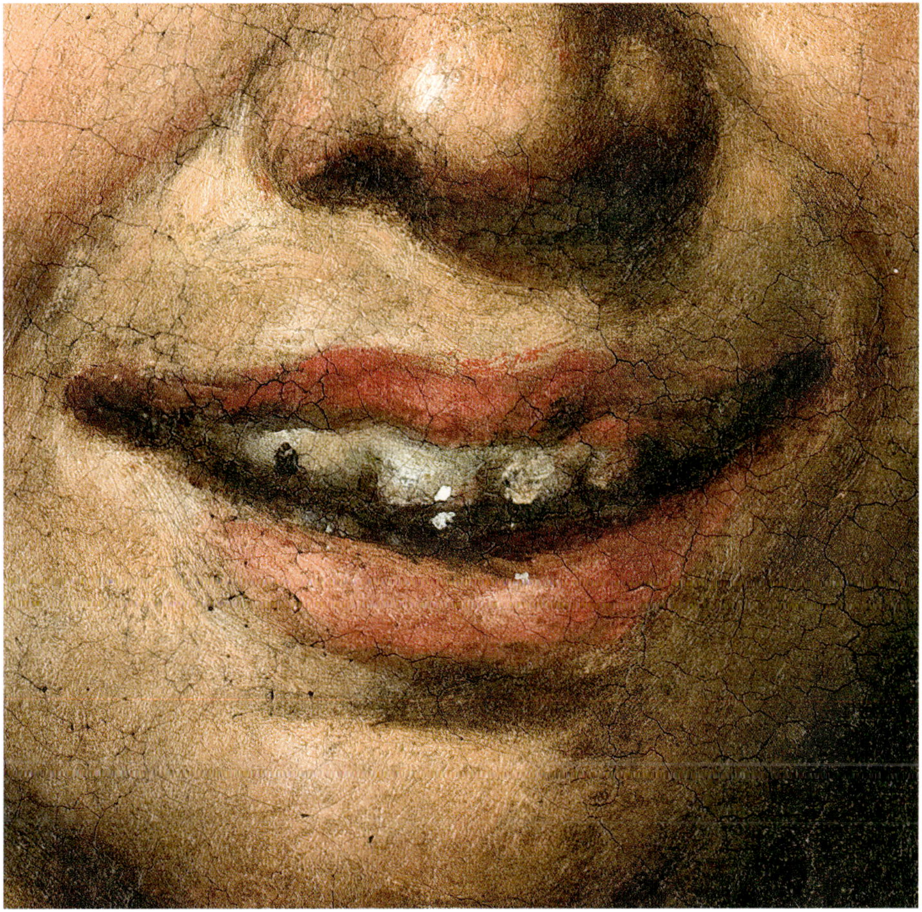

lösche

stillen · nurse · allaiter · 喂奶

Anonym
Maria Lactans (Ausschnitt) 15. Jh.
Kolumba 1993/100

Mädcher

Mädchen · girls · filles · 姑娘们

Edvard Munch
Vier Mädchen auf der Brücke (Ausschnitt) 1905
Wallraf-Richartz-Museum & Fondation Corboud WRM 2816

Mannslück

Männer · men · hommes · 男人

Peter Paul Rubens
Selbstbildnis im Kreise der Mantuaner Freunde (Ausschnitt) 1605
Wallraf-Richartz-Museum & Fondation Corboud WRM/Dep. 0248

Memmespektakel

Busen · breasts · seins · 丰乳

Ernst Ludwig Kirchner
Weiblicher Halbakt mit Hut (Ausschnitt) 1911
Museum Ludwig ML 76/2752

Metz

Messer · knife · couteau · 刀

Georges Braque
Karaffe, Zitronen, Fruchtschale (Ausschnitt) 1928
Museum Ludwig ML 76/3045

Möler

Maler · painter · peintre · 画家

Lovis Corinth
Selbstbildnis im weißen Kittel (Ausschnitt) 1918
Wallraf-Richartz-Museum & Fondation Corboud WRM 2368

1918
LX.

Möpp

Hund · dog · chien · 狗

Johann Anton de Peters
Mädchen im Garten (Ausschnitt) 1780–89
Wallraf-Richartz-Museum & Fondation Corboud WRM 1412

Mösch

Spatz · sparrow · moineau · 雀

Gyoku-Eijo
Sperlinge und Chrysanthemen (Ausschnitt) um 1900
Museum für Ostasiatische Kunst A 196

Murmelbroder

Mönch · monk · moine · 修道士

Claudio Rinaldi
Singender Mönch (Ausschnitt) um 1900
Kölnisches Stadtmuseum KSM 1983/659

Muur

Mauer · wall · mur · 墙

Hans Memling
Geburt Christi (Ausschnitt) um 1470
Wallraf-Richartz-Museum & Fondation Corboud WRM/Dep. 205

Ohr

Uhr · clock · montre · 钟表

Kurt Schwitters
Merzbild 9 b (Ausschnitt) 1919
Museum Ludwig ML 1437

Zuschlag
für

Päd

Pferd · horse · cheval · 马

Max Liebermann
Reiter und Reiterin am Strand (Ausschnitt) undatiert
Wallraf-Richartz-Museum & Fondation Corboud WRM 2819

Pälekett

Perlenkette · pearl necklace · collier de perles · 珍珠项链

Paula Modersohn-Becker
Selbstbildnis (Ausschnitt) 1906
Museum Ludwig ML 76/2730

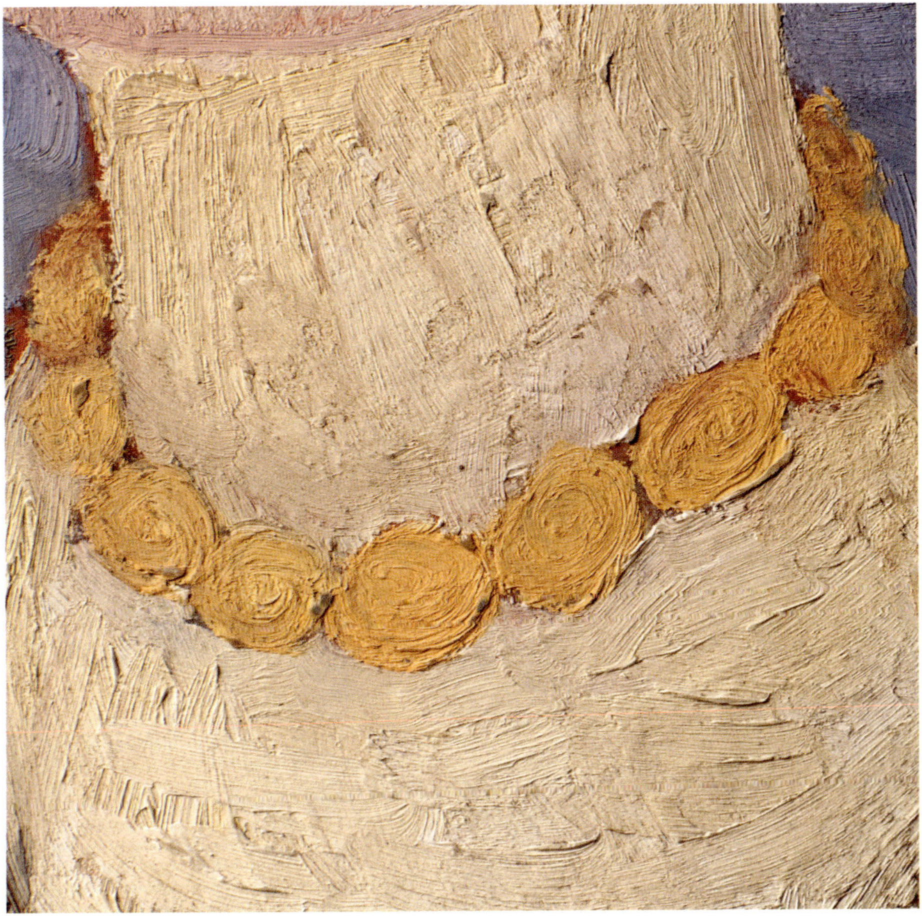

Pief

Pfeife · pipe · pipe · 烟斗

Jean Pougny
Stilleben (Ausschnitt) um 1917/18
Museum Ludwig ML 1522

Plaatekopp

Glatzkopf · baldhead · chauve · 秃子

Fang Lijun
Gruppe 2, Nr. 2 (Ausschnitt) 1992
Museum Ludwig ML 1613

Plöck

Ernte · harvest · récolte · 收获

Karl Walter Leopold Graf von Kalckreuth
Ährenleserinnen (Ausschnitt) 1888
Wallraf-Richartz-Museum & Fondation Corboud WRM 2999

Plüschprumm

Pfirsich · peach · pêche · 桃子

Willem Kalf
Stilleben mit Silberschale (Ausschnitt) 1658
Wallraf-Richartz-Museum & Fondation Corboud WRM/Dep. 0490

Popp

Puppe · doll · poupée · 洋娃娃

Wilhelm von Harnier
Mathilde, die Tochter des Malers mit Puppe (Ausschnitt) undatiert
Wallraf-Richartz-Museum & Fondation Corboud WRM 3262

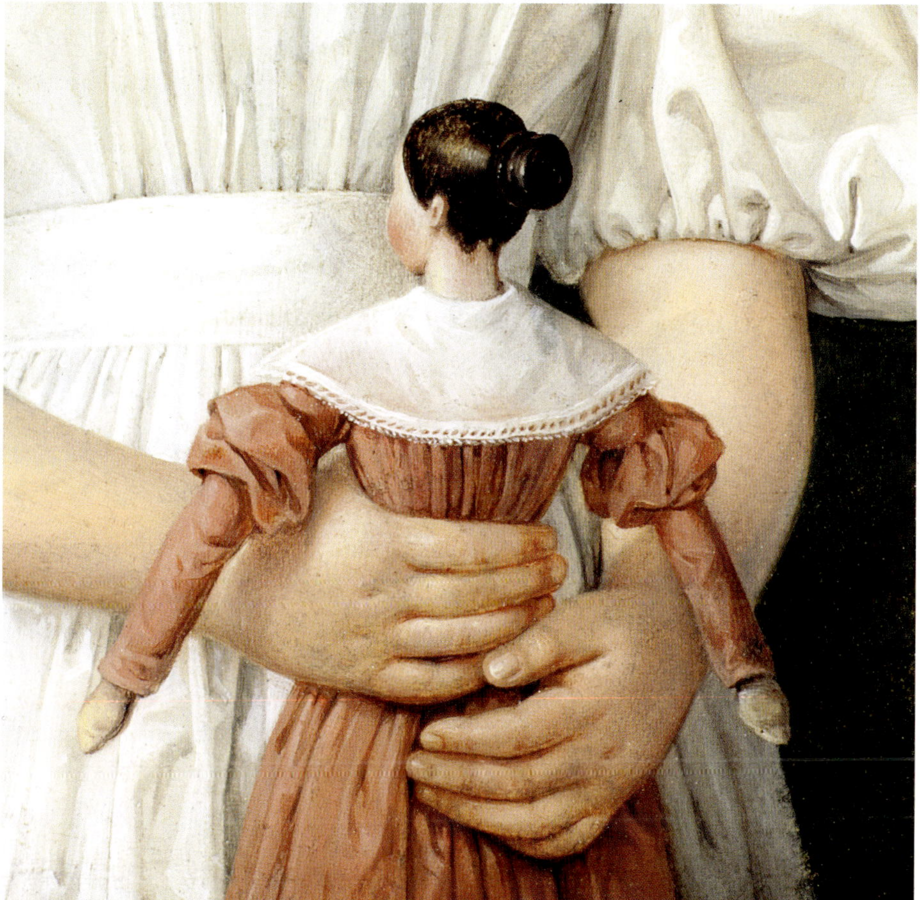

Puhahn

Pfau · peacock · paon · 孔雀

Nagasawa Rosetsu
Pfau (Ausschnitt) um 1787
Museum für Ostasiatische Kunst A 144

Puute

Kinder · children · enfants · 孩子们

Johann Jakob Schmitz
Allegorie: Feuer und Wasser (Ausschnitt) 1757?
Kölnisches Stadtmuseum HM 1955/50

Quetschebüggel

Akkordeon · accordion · accordéon · 手风琴

Heinz Kroh
Severinskirmes (Ausschnitt) 1925–27
Kölnisches Stadtmuseum KSM 1987/161

Raddfahrer

Fahrradfahrer · cyclist · cycliste · 骑车的人

Jean Dubuffet
Straße mit Männern (Ausschnitt) 1944
Museum Ludwig ML 1229

Reuesse

Leichenschmaus · funeral meal
repas d´enterrement · 丧宴

Benjamin Vautier d. Ä.
Leichenschmaus (Ausschnitt) 1866
Wallraf-Richartz-Museum & Fondation Corboud WRM 1132

B. Vautier.
Df. 66

Rhing

Rhein · Rhine · Rhin · 莱茵河

Jacob Diezler
Der Loreley-Felsen (Ausschnitt) 1845
Kölnisches Stadtmuseum RM 1942/46

Rotzbatterie

Nase · nose · nez · 鼻子

Emil Nolde
Junge Frau und Männer (Ausschnitt) 1921
Museum Ludwig ML 76/2761

rud

rot · red · rouge · 红色

Anonyme Werkstatt
Ohne Titel (Ausschnitt) 1607
Museum für Ostasiatische Kunst A 38,2

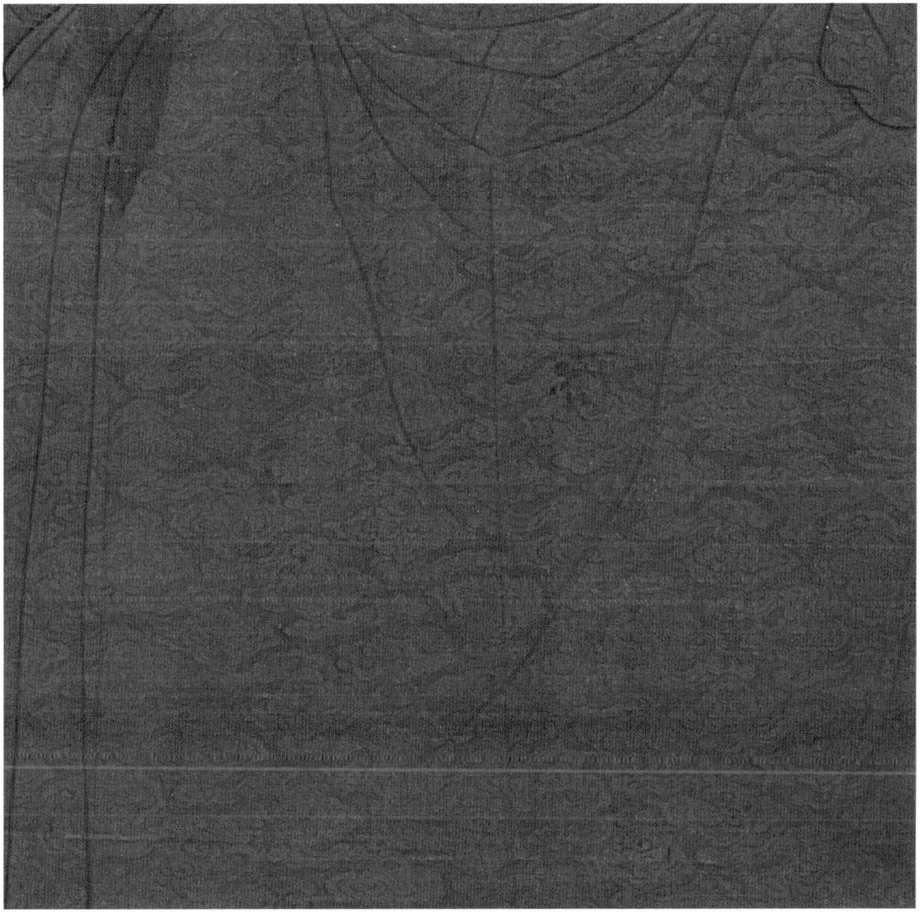

Ruse

Rosen · roses · roses · 玫瑰

Lovis Corinth
Rosa Rosen (Ausschnitt) 1918
Wallraf-Richartz-Museum & Fondation Corboud WRM 3138

Scheff

Schiff · ship · bateau · 船

Walter Neuhaus-Waltharii
Stapellauf des kleinen Kreuzerersatzes »Köln« (Ausschnitt) 1928
Kölnisches Stadtmuseum HM 1928/363

KÖLN

Schnüß

Mund · mouth · bouche · 嘴巴

Roy Lichtenstein
M-Maybe (Ausschnitt) 1965
Museum Ludwig ML 1081

Schöckel

Schaukel · swing · balançoire · 秋千

Franz von Stuck
Schaukel im Wald (Ausschnitt) um 1912
Wallraf-Richartz-Museum & Fondation Corboud WRM/Dep. 0330

Schohn

Schuhe · shoes · chaussures · 鞋子

Max Ernst
Das Rendezvous der Freunde (Ausschnitt) 1922
Museum Ludwig ML 76/3219

Schölp

Muschel · shell · moule · 贝壳

Jacques de Gheyn II
Poseidon und Amphitrite (Ausschnitt) undatiert
Wallraf-Richartz-Museum & Fondation Corboud WRM 1792

Schrumm

Gitarre · guitar · guitare · 吉他

Peter Blake
Bo-Diddley (Ausschnitt) 1963
Museum Ludwig ML 1013

Schruv

Schraube · screw · vis · 螺钉

James Rosenquist
Scheuklappen (Ausschnitt) 1968/69
Museum Ludwig ML 1121

Sensemann

Tod · death · mort · 死神

Anonym
Franz Eick und der Tod (Ausschnitt) 1663
Kölnisches Stadtmuseum KSM 1999/180

spanne

beobachten · peep · observer · 偷看

Fritz Beinke

Das Cölner Hänneschen-Theater als Wanderbühne (Ausschnitt) um 1875

Kölnisches Stadtmuseum KSM 1988/470

Kölner Hänneschen

Sparjes

Spargel · asparagus · asperge · 芦笋

Edouard Manet
Spargelstilleben (Ausschnitt) 1880
Wallraf-Richartz-Museum & Fondation Corboud WRM/Dep. 0318

Spretz

Spritze · injection · seringue · 注射器

Otto Dix
Bildnis Dr. Hans Koch (Ausschnitt) 1921
Museum Ludwig ML 76/2739

Strüüßche

Schamhaar · pubic hair · poil du pubis · 阴毛

Robert Seuffert
Weiblicher Akt zwischen Bäumen (Ausschnitt) 1910
Kölnisches Stadtmuseum KSM 1982/688a

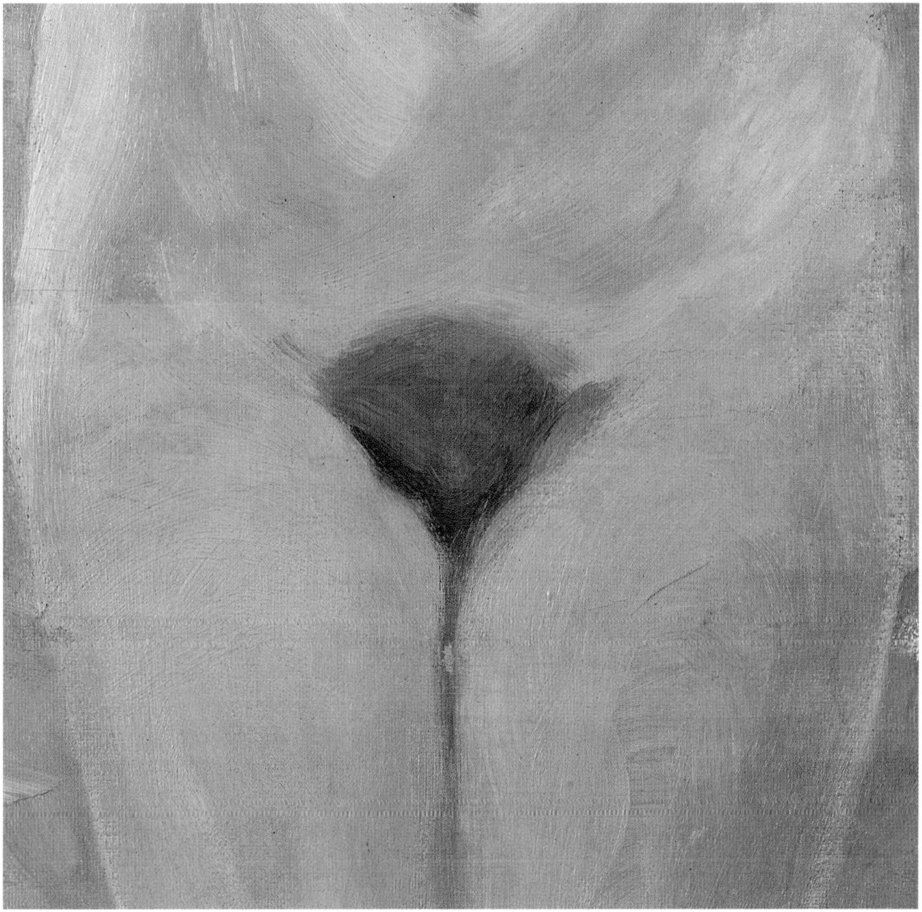

Taat

Kuchen · cake · gâteau · 蛋糕

Wayne Thiebaud
Kuchentheke (Ausschnitt) 1963
Museum Ludwig ML 1140

Trapp

Treppe · stairs · escalier · 楼梯

Hendrik Leys
Inneres eines Klosters – Letzte Ölung (Ausschnitt) 1839
Wallraf-Richartz-Museum & Fondation Corboud WRM 3411

Trumm

Trommel · drum · tambour · 鼓

Albrecht Dürer
Pfeifer und Trommler (Ausschnitt) 1504
Wallraf-Richartz-Museum & Fondation Corboud WRM 0369

Uhr

Ohr · ear · oreille · 耳朵

George Grosz
Dr. Eduard Plietzsch (Ausschnitt) 1928
Museum Ludwig ML 76/2814

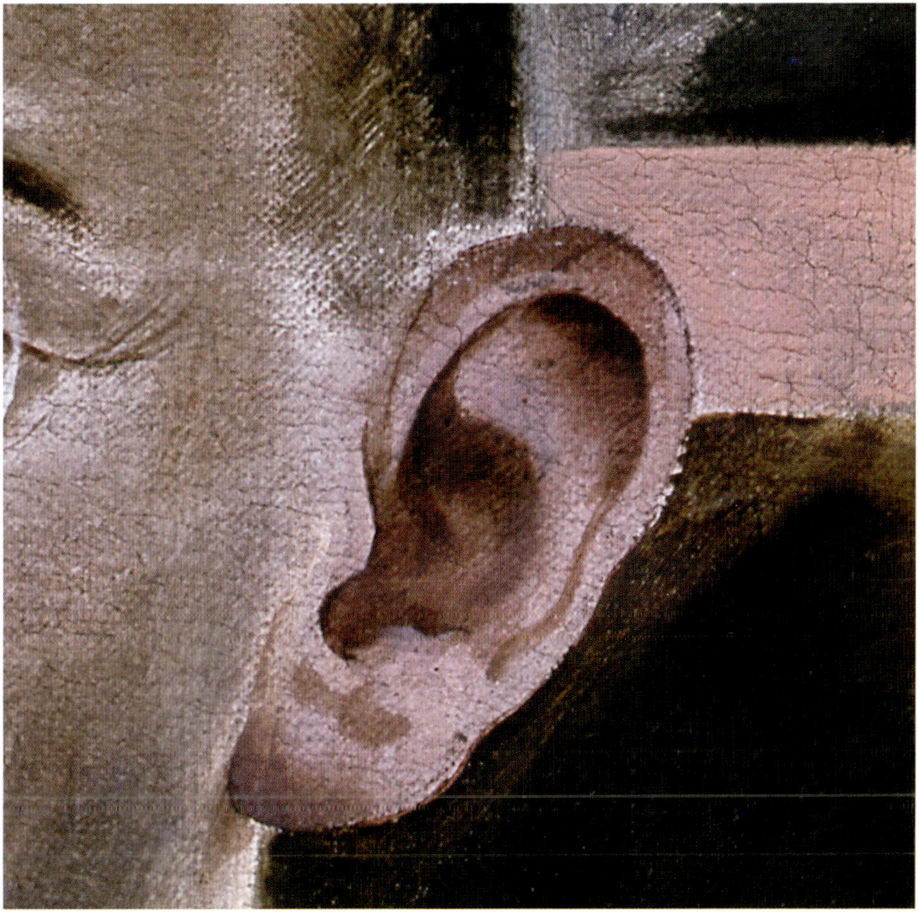

Wäch

Weg · path · chemin · 路

Christian Rohlfs
Waldweg im Winter (Ausschnitt) 1889
Wallraf-Richartz-Museum & Fondation Corboud WRM 2460

Wörfel

Würfel · die · dé · 骰子

Antonius Höckelmann
Probehopser mit Würfel (Ausschnitt) 1974
Museum Ludwig ML/Z 1985/45

Zäng

Zähne · teeth · dents · 牙齿

Nach Hieronymus Bosch
Geburt Christi (Ausschnitt) undatiert
Wallraf-Richartz-Museum & Fondation Corboud WRM 0474

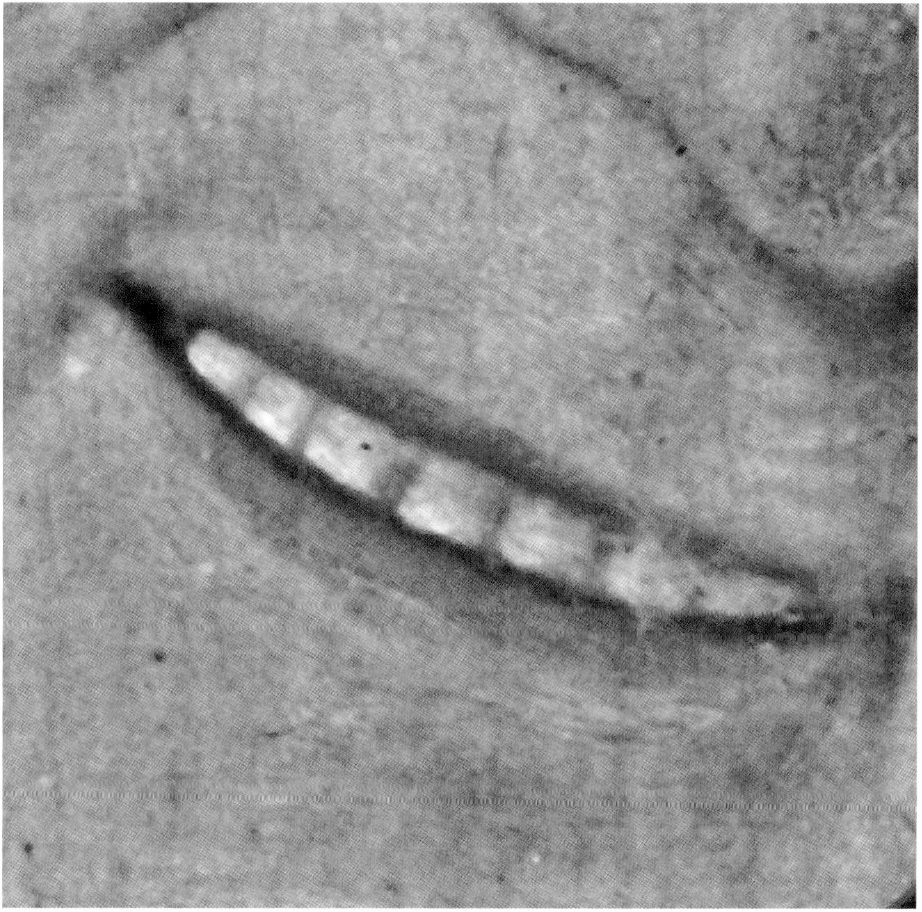

Bildnachweis

Aap, Gabriel Cornelius von Max, Affe mit Blumen am Fenster, undatiert, Wallraf-Richartz-Museum & Fondation Corboud, WRM 2928

Äppel, Gottfried von Wedig, Stilleben, undatiert, Wallraf-Richartz-Museum & Fondation Corboud, WRM 3163

Baat, Otto Dix, Bildnis des Dichters Theodor Däubler, 1927, Tempera auf Sperrholz, 150 × 100 cm, Museum Ludwig, ML 76/2738, rba_c001157, © VG Bild-Kunst, Bonn 2011

bedde, Nach Hieronymus Bosch, Geburt Christi, undatiert, Wallraf-Richartz-Museum & Fondation Corboud, WRM 0474

Bir, Paul Cézanne, Stilleben mit Birnen, 1895, Wallraf-Richartz-Museum & Fondation Corboud, WRM 3189

bläck, Michiel Coxie zugeschrieben, Der Sündenfall (Adam und Eva), undatiert, Wallraf-Richartz-Museum & Fondation Corboud, WRM 2354

Botz, Peter Blake, ABC Minors, 1955, Öl auf Hartfaserplatte, 76×49 cm, Museum Ludwig, ML 1427, rba_c004469, © VG Bild-Kunst, Bonn 2011

Brefe, Cornelis Norbertus Gysbrechts, Quodlibet/Vanitas-Stilleben, 1675, Wallraf-Richartz-Museum & Fondation Corboud, WRM 2828

Bröck, Kenko Shokei, Landschaft, spätes 15. Jh., Museum für Ostasiatische Kunst, A 35, 3

Brud, Georg Flegel, Stilleben mit einem Hirschkäfer, 1635, Wallraf-Richartz-Museum & Fondation Corboud, WRM 2824

Bütt, Max Liebermann, Die Rasenbleiche, 1882, Wallraf-Richartz-Museum & Fondation Corboud, WRM 2939

bütze, Max Beckmann, Liebespaar (Grün und Gelb), 1940–43, Öl auf Leinwand, 60 × 80 cm, Museum Ludwig, ML 76/3022, rba_c001125, © VG Bild-Kunst, Bonn 2011

Daachhas, Richard Seewald, Katze mit Salamander, 1933, Museum Ludwig, ML 76/2809

danze, Oswald Achenbach, Saltarellotanz mit Blick auf Castel Gandolfo, 1860–65, Wallraf-Richartz-Museum & Fondation Corboud, WRM 1135

Desch, Viktor Pivovarov, Ach!, 1971, Museum Ludwig, ML 01553

Ditzche, Jacob Gerritsz. Cuyp, Zwei Kinder mit einem Lamm, 1638, Wallraf-Richartz-Museum & Fondation Corboud, WRM 1003

Döpp, Ferdinand Hodler, Kopfstudie einer Italienerin, 1910, Wallraf-Richartz-Museum & Fondation Corboud, WRM 1210

Druve, Abraham Mignon, Stilleben, nach 1672, Wallraf-Richartz-Museum & Fondation Corboud, WRM 2838

Dudekopp, Dmitri Krasnopewtsew, Totenkopf in zerbrochenem Krug, 1963, Öl auf Hartfaserplatte, 48 × 41,7 cm, Museum Ludwig, ML 1536, rba_c009318, © VG Bild-Kunst, Bonn 2011

Düüvel, Meister der Katharinen-Legende; Meister der Barbara-Legende, Triptychon mit Szenen aus dem Leben Hiobs, 15. Jh., Wallraf-Richartz-Museum & Fondation Corboud, WRM 0412

Duve, Marta Hegemann, Die Liegende, 1930, Kölnisches Stadtmuseum, KSM 1993/302

Familich, Emil Nolde, Familie Bonnichsen, um 1915, Öl auf Leinwand, 73,3 × 89 cm, Museum Ludwig, ML 76/2728, rba_d029689, © Nolde Stiftung Seebüll

Färve, Michael Toenges, Ohne Titel, 2006, Kolumba, 2007/108, © Kolumba, Köln/ Foto: Lothar Schnepf

Fastelovend, Wilhelm Schreuer, Kölner Karneval, 1906, Wallraf-Richartz-Museum & Fondation Corboud, WRM 1616

Ferke, Georg Schrimpf, Schweinehirt, 1923, Museum Ludwig, ML 76/2779

Fesch, Pieter de Putter, Fischstilleben, undatiert, Wallraf-Richartz-Museum & Fondation Corboud, WRM 3614

Fetz, Peter Blake, ABC Minors, 1955, Öl auf Hartfaserplatte, 76 × 49 cm, Museum Ludwig, ML 1427, rba_c004469, © VG Bild-Kunst, Bonn 2011

Flejer, Mario Sironi, Gelbes Flugzeug mit Stadtlandschaft, 1915, Collage, Gouache, 71 × 53 cm, Museum Ludwig, ML 1315, rba_c001527, © VG Bild-Kunst, Bonn 2011

Foß, Paul Klee, Narr in Trance, 1929, Museum Ludwig, ML 76/3041

Fott, François Boucher, Ruhendes Mädchen, 1751, Wallraf-Richartz-Museum & Fondation Corboud, WRM 2639

fussig, Alexander Bogomazow, Schlafende Frau, um 1915, Museum Ludwig, ML 01327

Fuus, Otto Dix, Bildnis des Dichters Theodor Däubler, 1927, Tempera auf Sperrholz, 150 × 100 cm, Museum Ludwig, ML 76/2738, rba_c001157, © VG Bild-Kunst, Bonn 2011

gääl, Joseph Marioni, Painting 1-82, 1982, Kolumba, 1994/44, © Kolumba, Köln/Foto: Lothar Schnepf

Gespann, Auguste Renoir, Das Ehepaar Alfred Sisley, um 1868, Wallraf-Richartz-Museum & Fondation Corboud, WRM 1199

Gries, Rembrandt Harmensz van Rijn, Selbstbildnis, um 1668/69, Wallraf-Richartz-Museum & Fondation Corboud, WRM 2526

grön, Edouard Manet, Spargelstilleben, 1880, Wallraf-Richartz-Museum & Fondation Corboud, WRM/Dep. 0318

Häng, Auguste Renoir, Das Ehepaar Alfred Sisley, um 1868, Wallraf-Richartz-Museum & Fondation Corboud, WRM 1199

hätschele, Julius Schnorr von Carolsfeld, Maria mit dem Kind, 1820, Wallraf-Richartz-Museum & Fondation Corboud, WRM 1112

Hätz, Anonym, Heilige Lanze mit Arma Christi und Gregorsmesse, 1597, Kolumba, 2004/457, © Kolumba, Köln/Foto: Lothar Schnepf

Helligesching, Stefan Lochner, Muttergottes in der Rosenlaube, um 1440–42, Wallraf-Richartz-Museum & Fondation Corboud, WRM 0067

Höhner, Jacomo Victors, Hühnerhof, undatiert, Wallraf-Richartz-Museum & Fondation Corboud, WRM 1511

Huhzick, Kasimir Malewitsch, Die Hochzeit, um 1907, Museum Ludwig, ML Dep. Slg. L. 1979/052 (F-120)

Huus, Gert H. Wollheim, Friesische Landschaft, 1919, Kolumba, 2003/109, © Kolumba, Köln/Foto: Lothar Schnepf

Jecke, Carl Hofer, Maskerade, 1922, Öl auf Leinwand, 129 × 103 cm, Museum Ludwig, ML 76/2750, rba_c007608, © VG Bild-Kunst, Bonn 2011

Jöckemobil, Albert G. Schild, Go West, 1989, Kölnisches Stadtmuseum, KSM 1993/254

Kaate, Iwan Puni, Komposition mit Spielkarten, 1919, Öl auf Pappe, 72 × 45,7 cm, Museum Ludwig, ML 1528, rba_c009598, © VG Bild-Kunst, Bonn 2011

Kääz, Gerrit Dou, Alte Frau mit Kerze, 1661, Wallraf-Richartz-Museum & Fondation Corboud, WRM 2569

Keesche, Otto Scholderer, Stilleben mit Birnen und Kirschen, 1901, Wallraf-Richartz-Museum & Fondation Corboud, WRM 2832

Koh, Aelbert Jacobsz. Cuyp, Landschaft mit Hirten und Kühen, 1650–55, Wallraf-Richartz-Museum & Fondation Corboud, WRM 2532

Kölle, Oskar Kokoschka, Ansicht der Stadt Köln vom Messeturm aus, 1956, Öl auf Leinwand, 85 × 130 cm, Museum Ludwig, ML 76/3000, rba_c009593, © Fondation Oskar Kokoschka / VG Bild-Kunst, Bonn 2011

Kreßkingche, Werkstatt Stefan Lochner, Anbetung des Kindes, um 1450, Kolumba, M2, © Kolumba, Köln/Foto: Lothar Schnepf

Kroch, Hans Purrmann, Blumen und Früchte, 1949, Öl auf Leinwand, 81,5 × 100 cm, Museum Ludwig, ML 76/3012, rba_c017965, © VG Bild-Kunst, Bonn 2011

Krun, Meister der Ursula-Legende, Ursula mit ihren Eltern am Altar, um 1492–96, Wallraf-Richartz-Museum & Fondation Corboud, WRM 0196

Krütz, Josef Beuys, Königstochter sieht Island, 1960, Bleistift, Gouache auf Papier mit Filz unter Glas im Metallrahmen, 114 × 98,5 cm, Museum Ludwig, ML 1178, rba_d029691, © VG Bild-Kunst, Bonn 2011

laache, Esteban Murillo, Alte Frau und Junge, um 1650–60, Wallraf-Richartz-Museum & Fondation Corboud, WRM 2541

lösche, Anonym, Maria Lactans, 15. Jh., Kolumba, 1993/100, © Kolumba, Köln/Foto: Lothar Schnepf

Mädcher, Edvard Munch, Vier Mädchen auf der Brücke, 1905, Wallraf-Richartz-Museum & Fondation Corboud, WRM 2816

Mannslück, Peter Paul Rubens, Selbstbildnis im Kreise der Mantuaner Freunde, 1605, Wallraf-Richartz-Museum & Fondation Corboud, WRM/Dep. 0248

Memmespektakel, Ernst Ludwig Kirchner, Weiblicher Halbakt mit Hut, 1911, Museum Ludwig, ML 76/2752

Metz, Georges Braque, Karaffe, Zitronen, Fruchtschale, 1928, Öl auf Leinwand, 40,5 × 121 cm, Museum Ludwig, ML 76/3045, rba_d016248, © VG Bild-Kunst, Bonn 2011

Möler, Lovis Corinth, Selbstbildnis im weißen Kittel, 1918, Wallraf-Richartz-Museum & Fondation Corboud, WRM 2368

Möpp, Johann Anton de Peters, Mädchen im Garten, 1780–89, Wallraf-Richartz-Museum & Fondation Corboud, WRM 1412

Mösch, Gyoku-Eijo, Sperlinge und Chrysanthemen, um 1900, Museum für Ostasiatische Kunst, A 196

Murmelbroder, Claudio Rinaldi, Singender Mönch, um 1900, Kölnisches Stadtmuseum, KSM 1983/659

Muur, Hans Memling, Geburt Christi, um 1470, Wallraf-Richartz-Museum & Fondation Corboud, WRM/Dep. 205

Ohr, Kurt Schwitters, Merzbild 9b, 1919, Collage, Öl, Gouache auf Pappe, 96,8×70 cm, Museum Ludwig, ML 1437, rba_c004720, © VG Bild-Kunst, Bonn 2011

Päd, Max Liebermann, Reiter und Reiterin am Strand, undatiert, Wallraf-Richartz-Museum & Fondation Corboud, WRM 2819

Pälekett, Paula Modersohn-Becker, Selbstbildnis, 1906, Museum Ludwig, ML 76/2730

Pief, Jean Pougny, Stilleben, um 1917/18, Öl auf Leinwand, 38×52 cm, Museum Ludwig, ML 1522, rba_d029696, © VG Bild-Kunst, Bonn 2011

Plaatekopp, Fang Lijun, Gruppe 2, Nr. 2, 1992, Museum Ludwig, ML 1613

Plöck, Karl Walter Leopold Graf von Kalckreuth, Ährenleserinnen, 1888, Wallraf-Richartz-Museum & Fondation Corboud, WRM 2999

Plüschprumm, Willem Kalf, Stilleben mit Silberschale, 1658, Wallraf-Richartz-Museum & Fondation Corboud, WRM/Dep. 0490

Popp, Wilhelm von Harnier, Mathilde, die Tochter des Malers mit Puppe, undatiert, Wallraf-Richartz-Museum & Fondation Corboud, WRM 3262

Puhahn, Nagasawa Rosetsu, Pfau, um 1787, Museum für Ostasiatische Kunst, A 144

Puute, Johann Jakob Schmitz, Allegorie: Feuer und Wasser, 1757?, Kölnisches Stadtmuseum, HM 1955/50

Quetschebüggel, Heinz Kroh, Severinskirmes, 1925–27, Kölnisches Stadtmuseum, KSM 1987/161

Raddfahrer, Jean Dubuffet, Straße mit Männern, 1944, Öl auf Leinwand, 129×96cm, Museum Ludwig, ML 1229, rba_c004485,

Reuesse, Benjamin Vautier d.Ä., Leichenschmaus, 1866, Wallraf-Richartz-Museum & Fondation Corboud, WRM 1132

Rhing, Jacob Diezler, Der Loreley-Felsen, 1845, Kölnisches Stadtmuseum, RM 1942/46

Rotzbatterie, Emil Nolde, Junge Frau und Männer, 1921, Öl auf Sperrholz, 101 × 73 cm, Museum Ludwig, ML 76/2761, rba_c000982, © Nolde Stiftung Seebüll

rud, Anonyme Werkstatt, Ohne Titel, 1607, Museum für Ostasiatische Kunst, A 38,2

Ruse, Lovis Corinth, Rosa Rosen, 1918, Wallraf-Richartz-Museum & Fondation Corboud, WRM 3138

Scheff, Walter Neuhaus-Waltharii, Stapellauf des kleinen Kreuzerersatzes »Köln«, 1928, Kölnisches Stadtmuseum, HM 1928/363

Schnüß, Roy Lichtenstein, M-Maybe, 1965, Magna auf Leinwand, 152 × 152 cm, Museum Ludwig, ML 1081, rba_c007153, © VG Bild-Kunst, Bonn 2011

Schöckel, Franz von Stuck, Schaukel im Wald, um 1912, Wallraf-Richartz-Museum & Fondation Corboud, WRM/Dep. 0330

Schohn, Max Ernst, Das Rendezvous der Freunde, 1922, Öl auf Leinwand, 130 × 195 cm, Museum Ludwig, ML 76/3219, rba_c007465, © VG Bild-Kunst, Bonn 2011

Schölp, Jacques de Gheyn II, Poseidon und Amphitrite, undatiert, Wallraf-Richartz-Museum & Fondation Corboud, WRM 1792

Schrumm, Peter Blake, Bo-Diddley, 1963, Acryl, Scotchtape auf Hartfaserplatte, 122 × 76 cm, Museum Ludwig, ML 1013, rba_c002827, © VG Bild-Kunst, Bonn 2011

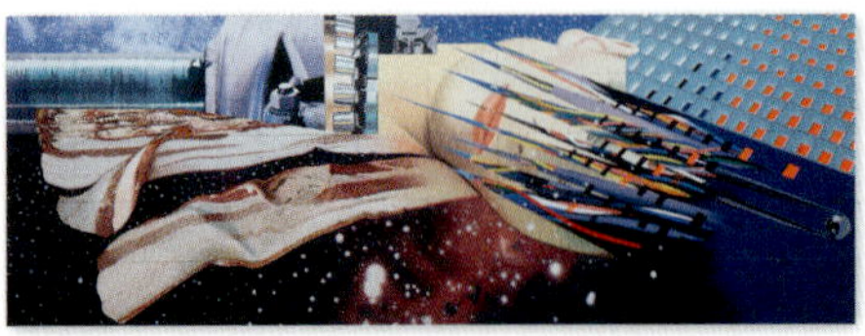

Schruv, James Rosenquist, Scheuklappen, 1968/69, Öl und fluoreszierende Farbe auf Leinwand und Aluminium, 275 × 253 cm, Museum Ludwig, ML 1121, rba_c013239, © VG Bild-Kunst, Bonn 2011

Sensemann, Anonym, Franz Eick und der Tod, 1663, Kölnisches Stadtmuseum, KSM 1999/180

spanne, Fritz Beinke, Das Cölner Hänneschen-Theater als Wanderbühne, um 1875, Kölnisches Stadtmuseum, KSM 1988/470

Sparjes, Edouard Manet, Spargelstilleben, 1880, Wallraf-Richartz-Museum & Fondation Corboud, WRM/Dep. 0318

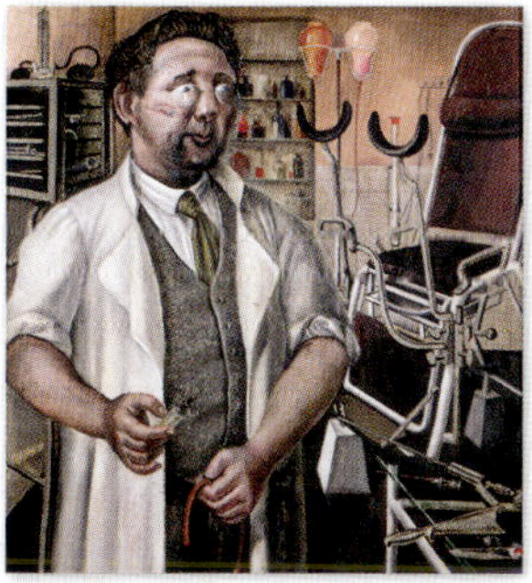

Spretz, Otto Dix, Bildnis Dr. Hans Koch, 1921, Öl auf Leinwand, 100,5 × 90 cm, Museum Ludwig, ML 76/2739, rba_c004474, © VG Bild-Kunst, Bonn 2011

Strüüßche, Robert Seuffert, Weiblicher Akt zwischen Bäumen, 1910, Kölnisches Stadtmuseum, KSM 1982/688a

Taat, Wayne Thiebaud, Kuchentheke, 1963, Öl auf Leinwand, 93 × 183 cm, Museum Ludwig, ML 1140, rba_d029694, © VG Bild-Kunst, Bonn 2011

Trapp, Hendrik Leys, Inneres eines Klosters – Letzte Ölung, 1839, Wallraf-Richartz-Museum & Fondation Corboud, WRM 3411

Trumm, Albrecht Dürer, Pfeifer und Trommler, 1504, Wallraf-Richartz-Museum & Fondation Corboud, WRM 0369

Uhr, George Grosz, Dr. Eduard Plietzsch, 1928, Öl auf Leinwand, 110 × 79,5 cm, Museum Ludwig, ML 76/2814, rba_d023506, © VG Bild-Kunst, Bonn 2011

Wäch, Christian Rohlfs, Waldweg im Winter, 1889, Wallraf-Richartz-Museum & Fondation Corboud, WRM 2460

Wörfel, Antonius Höckelmann, Probehopser mit Würfel, 1974, Tusche und Wachskreide auf Papier, 320 × 130 cm, Museum Ludwig, ML/Z 1985/45, rba_c000306, © VG Bild-Kunst, Bonn 2011

Zäng, Nach Hieronymus Bosch, Geburt Christi, undatiert, Wallraf-Richartz-Museum & Fondation Corboud, WRM 0474

Danksagung

Verlag und Autoren danken dem Kölnischen Stadtmuseum, dem Kunstmuseum des Erzbistums Köln Kolumba, dem Museum für Ostasiatische Kunst Köln, dem Museum Ludwig Köln, der Stiftung Seebüll Ada und Emil Nolde, dem Rheinischen Bildarchiv, der VG Bild-Kunst Bonn sowie besonders dem Wallraf-Richartz-Museum & Fondation Corboud Köln, namentlich Herrn Andreas Blühm, für die freundliche Zusammenarbeit.

Die kölnischen Begriffe wurden dem »Kölschen Online-Wörterbuch« der Akademie för uns kölsche Sproch entnommen.

Vitae

Georg Kohlen, geboren 1955, ist seit 1975 künstlerisch tätig, lebt und arbeitet in Köln.

Joachim Rönneper, geboren 1958 in Düsseldorf, studierte Germanistik und katholische Theologie in Münster, ist Autor, Ausstellungsmacher und Herausgeber zahlreicher Anthologien im Kontext von Kunst und Literatur. Er lebt und arbeitet in Köln. **www.joachim-roenneper.de**

Susanne Rauprich
Der Kölner Museumsführer
Gebunden, zahlreiche Abbildungen,
288 Seiten, ISBN 978-3-89705-693-0

Köln verfügt über eine facettenreiche Museumslandschaft und bietet eine enorme Vielfalt an Themen, Epochen, Kulturen und Kunstgattungen. Die Bandbreite reicht von den großen und weltberühmten Sammlungen wie dem Wallraf-Richartz-Museum hin zu kleineren, doch keinesfalls weniger interessanten Ausstellungen. Ob groß oder klein, weltberühmt oder versteckt: »Der Kölner Museumsführer« von Susanne Rauprich bietet eine kurzweilige Zusammenstellung vom Buddha bis zum Designerstuhl – es ist alles dabei. Der ideale Begleiter für jeden, der die Kölner Museen auf eigene Faust erkunden will.

»Eine ideale Mischung aus historischen Hintergrundinformationen, Anekdoten und Erläuterungen einzelner Highlights der jeweiligen Sammlungen. Dazu bieten zahlreiche Abbildungen einen Eindruck über die Kunstwerke.« *koeln.de*

emons:

Klaus Prößdorf, Rudolf Barten
1000 mal Köln in Frage und Antwort
Gebunden, zahlreiche Abbildungen,
336 Seiten, ISBN 978-3-89705-598-8

Wem galt die Bezeichnung »Blaukopp« und wer war der »rote Becker«? Wie viele Kaiser wurden in Köln ermordet und wie oft wütete die Pest? Welche Bedeutung hat Cäsar für Köln und welcher Düsseldorfer machte Köln zur Großstadt? Mehr als 2000 Jahre spannende Geschichte zwischen Augustus und Mediamarkt, Kölner Sklaven und 120 Bomben auf den Dom – und alles dazwischen. 1000 Fragen, 1000 Antworten; geballtes Kölner Wissen auf 336 illustrierten Seiten. Überraschende Fakten selbst für kundigste Kölner.

»Wer immer schon mal wissen wollte, in was für einer Stadt er eigentlich lebt – für die und den gibt es jetzt das richtige Buch. Spaß macht vor allem das Schmökern, bei dem selbst der vermeintliche Köln-Kenner immer wieder auf Neues stößt.« *Kölner Stadt-Anzeiger*

»Das ideale Buch zum Mitraten oder einfach nur Lesen.« *Bild*

emons:

Impressum

Gestaltung: Tobias Doetsch, Berlin
Druck und Weiterverarbeitung: Grafisches Centrum Cuno, Calbe
Übersetzung englisch/französisch: Anja Galić
Übersetzung chinesisch: Elke Spielmanns-Rome und Rong Xu-Heinrich.
Printed in Germany 2011
ISBN 978-3-89705-876-7

Unser Newsletter informiert Sie
regelmäßig über Neues von emons:
Kostenlos bestellen unter
www.emons-verlag.de